M. LE MARQUIS D'ANDELARRE

LONS-LE-SAUNIER

IMPRIMERIE ET LITHOGRAPHIE J. MAYET ET Cⁱᵉ
20, rue St-Désiré, 20

—

1885

M. LE MARQUIS D'ANDELARRE

Il y a quelques jours, mourait au château d'Andelarre près Vesoul, M. le marquis d'Andelarre, ancien député de la Haute-Saône.

Les funérailles de ce Franc-Comtois de marque dont le nom est et restera populaire dans notre vieille province, avaient attiré un grand concours de population désireuse de rendre un dernier hommage à l'un des plus éminents bienfaiteurs de la contrée.

M. le marquis d'Andelarre est de ceux dont on peut dire qu'il fut partout supérieur aux diverses fonctions qu'il occupa.

C'était un homme de grand talent et de grande vertu.

Il a fait preuve, pendant une longue et laborieuse carrière, d'un infatigable dévouement à ses concitoyens. L'agriculture régionale lui doit une grande partie de ses progrès. Sa mémoire avait droit aux hommages de tous les partis. Elles les a reçus avec une unanimité que tous les journaux de Franche-Comté se sont plu à constater et à mettre en pleine ère.

La funèbre cérémonie a eu lieu au château d'Andelarre où, de Vesoul et de tous les environs on s'était rendu en foule. Et ce fut au rapport de nos confrères de la Haute-Saône un manifestation touchante de douleur et de reconnaissance.

« Une vaste pièce du château, dit le *Journal de la Haute-Saône* avait été convertie en chapelle ardente Le cercueil, sur lequel se trouvaient les décorations de M. Andelarre, était couvert de couronnes offertes par ses amis et les diverses Sociétés dont le défunt faisait partie ; parmi ces couronnes, on remarquait celle qui avait été envoyée par la Société de Secours aux blessés, comité de Vesoul. Autour du corps priaient les Sœurs de Saint-Vincent-de-Paul.

« La levée du corps fut faite par M. l'abbé Baudry, chanoine honoraire, curé de Vesoul, assisté d'un nombreux clergé.

« L'émotion empreinte sur tous les visages montrait l'étendue des regrets inspirés par la mort d'un homme que les services rendus à tous, la bonté de son caractère, son extrême affabilité, son obligeance à toute épreuve avaient élevé à un rang éminent dans notre département. L'affluence était si considérable, que l'Eglise d'Andelarre a pu contenir seulement une petite partie des assistants.

« La famille avait désiré que la cérémonie n'eût aucun caractère politique. Les obsèques n'ont été que l'expression d'un deuil public, et des hommes complètement séparés par leurs opinions, pouvaient y prendre part.

« Les prêtres, en surplis, avaient peine à trouver place dans le chœur. A leur tête, on remarquait MM. les abbés Signe et Colombot, chanoines honoraires, supérieurs du Séminaire de Vesoul, et plusieurs professeurs de cet établissement.

Le deuil était conduit par le gendre du marquis d'Andelarre, M. le vicomte de Vezet, à qui nous adressons un témoignage de douloureuse sympathie. Il était accompagné par M. l'abbé de Beauséjour, chanoine honoraire, curé doyen de Luxeuil. Des ecclésiastiques avaient également été désignés pour acsompagner les autres membres de la famille.

« Les cordons du poêle étaient tenus par **MM**. Reboul de Neyrol, président de la Société d'agriculture du département de la Haute-Saône, Lamboley, membre du Conseil général, de Beauséjour, ancien magistrat, et Paulin, ancien instituteur à Andelarre. Ce dernier a été pendant quarante ans le secrétaire intime du défunt.

« Dans le cortège nous avons remarqué MM. Ricot, le docteur Gevrey et Jules Courcelle, anciens collègues de M. le marquis d'Andelarre, le premier à l'Assemblée nationale, les autres au Conseil général ; M. le directeur de la succursale de la Banque de France de Vesoul, dont le défunt était l'un des censeurs ; plusieurs officiers en activité et en retraite ; des membres du barreau ; les maires de presque toutes les communes voisines, une foule de paysans et d'ouvriers de la ville et des villages des environs.

« Au cimetière, M. Eugène de Beauséjour, comme ami du défunt, et M. Reboul de Neyrol, au nom de la Société d'agriculture, ont traduit les impressions de tous dans les deux discours suivants :

Discours de M. de Beauséjour.

Permettez-moi, Messieurs, de ne pas laisser cette tombe se fermer sans adresser, en votre nom, un dernier adieu à notre regretté défunt. Il occupa, du reste, une place assez importante parmi nous, pour que nous essayons de le louer comme il le mérite. Et en le faisant, j'acquitterai moi-même une dette de cœur envers celui qui ne cessa de m'honorer de sa constante et précieuse amitié.

C'est à Dijon, en 1803, que naquit Jules-François de Jacquot de Rouhier, marquis d'Andelarre. Ses premières années s'écoulèrent sous la direction d'un père dont la Révolution venait de briser la brillante carrière militaire, et sous les yeux d'une mère dont les livres de piété ont une place marquée dans tout oratoire chrétien.

De bonne heure, il se destina à cette carrière judiciaire qu'avait au dix-septième siècle, si brillamment parcourue l'un de ses ancêtres, Claude de Jacquot, premier président du parlement de Dole.

Il fit son droit dans sa ville natale. Et sur les bancs de l'école comme au sein de la société des jeunes études, qui naissait alors à Dijon, il eut la bonne fortune de rencontrer une pléiade de jeunes gens d'élite, parmi lesquels brillait celui qui allait être l'illustre Père Lacordaire. Dans un semblable milieu, notre légiste développa en lui l'amour du travail, étudia le droit, cultiva les lettres, et se prépara ainsi pour le palais.

Les évènements de 1830 le trouvèrent, n'ayant pas encore vingt-sept ans, substitut du procureur du Roi au tribunal de Dijon, et à la veille d'entrer au parquet général.

Au lendemain de cette grande commotion politique, deux voies s'ouvraient devant le marquis d'Andelarre. L'une, lui aurait, grâce à un serment prêté à un nouvel état de choses, vraisemblablement fait atteindre les postes les plus élevés de la hiérarchie judiciaire ;

l'autre, toute de sentiments, d'honneur et de tradition, devait forcément le conduire hors du palais. Le substitut du procureur du Roi n'hésita pas un instant, et il entra résolument dans ce dernier chemin. Il se dépouilla de sa toge, et il dit adieu à cette magistrature qu'il aimait, qu'il ne cessa jamais d'aimer, et à la défense de laquelle, hier encore, il aurait été heureux de consacrer, s'il avait été à la Chambre, les derniers accents de son éloquence et les suprêmes efforts de sa vie politique.

Rendu à la vie privée, il vint habiter ici, auprès de son père, au milieu de nos populations rurales. Voulant toutefois donner un but à sa vie, il se laissa nommer maire. Et pendant cinquante-trois ans, il fut l'administrateur, le père et le bienfaiteur de sa commune. Bientôt après, il fut élu conseiller général. Et cette première marque de sympathie de la part de ses concitoyens fut en quelque sorte le point de départ de l'étroite union qui devait exister pendant si longtemps entre notre département et le marquis d'Andelarre.

Devenu agriculteur par goût et par patriotisme, il se plut à exploiter lui-même ses vastes propriétés. Nous le vîmes alors s'efforcer, au prix d'incessants labeurs et de coûteuses expériences, de perfectionner la culture de la terre et d'améliorer le sort des habitants des campagnes. M. le président de la société d'agriculture dira mieux que moi combien fût prépondérant son rôle en pareille matière ; aussi, je me borne à mentionner que les sociétés agricoles qu'il fonda ou dont il activa l'existence lui fournirent autant de tribunes du haut desquelles il développera les théories nouvelles et fera connaître les découvertes utiles.

Tant de titres à l'estime générale devaient attirer l'attention du Gouvernement. C'est ce qui eut lieu en 1811, et le ministère d'alors s'honora en décorant le marquis d'Andelarre, qui reçut la croix avec un réel plaisir. Ses amis le félicitèrent sincèrement, comme ils le firent trente ans plus tard, lorsqu'une promotion au grade d'officier de la Légion-d'honneur vint récompenser des services nouveaux et plus signalés encore.

Il appartenait au pays de se prononcer à son tour. Il le fit au début de l'Empire, en choisissant M. d'Andelarre pour son député ; et ce mandat, si bien mérité, fut quatre fois renouvelé, et dura vingt-cinq ans.

Au Palais-Bourbon, le nouveau législateur se classa lui-même parmi ces hommes d'ordre et de liberté qui voulaient le maintien du régime impérial, tout en le protégeant contre ses propres entrainements. Ce n'est point ici le lieu d'esquisser une vie parlementaire si bien remplie ; qu'il me suffise de rappeler qu'à la Chambre, notre député occupa promptement et conserva tant qu'il y fût, une place importante, grâce à son amour du travail, à ses discours et à son indépendance. Toutefois, cette dernière qualité lui fut vivement reprochée par un gouvernement qui entendait exiger du Corps législatif une docilité absolue. Aussi essaya-t-il, en 1863, lors du renouvellement de la Chambre, d'empêcher la réélection du marquis d'Andelarre. L'attaque fut vive de la part des agents du pouvoir, mais la défense fut plus puissante encore. Nos populations, quoi qu'elles tinssent avec raison en haute estime l'honorable concurrent du député sortant, voulurent cependant exprimer à celui-ci combien elles lui étaient profondément attachées, et lui donnèrent, avec des témoignages de sympathie dont vous avez certainement gardé le souvenir, dix mille voix de majorité.

Dans cette nouvelle assemblée, où il entrait grandi et fortifié par cet éclatant succès, ses collègues le choisirent pour présider le tiers parti, et lui conférèrent le redoutable honneur de diriger ce groupe important qui pendant un temps fit et défit les ministères. A cette époque, vous vous en souvenez, Messieurs, nous nous attendions à chaque instant à voir un portefeuille offert à notre député. S'il ne devint pas ministre, il était, il faut le reconnaître, digne de l'être.

Ce qu'il a été dans les Chambres de l'Empire, il l'a été encore à l'Assemblée constituante. Cette législature termina sa carrière publique,

et, là, son dernier acte politique a été son re-
fus de voter l'établissement de nos institutions
actuelles.

Le ciel de cette belle existence ne fut pas,
hélas ! sans nuage. Au mois de juin 1874, le
château d'Andelarre fût le théâtre du deuil et
de la douleur ; une jeune femme charmante,
Marguerite de Vezet, qui était tout à la fois
fille, sœur, épouse et mère, fut brusquement
enlevée à la tendresse, à la joie et au juste
orgueil de tous les siens. On ne comprend que
trop quelles furent les souffrances de ce père
si cruellement éprouvé ; mais la religion lui
donna les forces nécessaires pour les suppor-
ter. Ces sentiments de foi furent du reste
l'honneur de sa vie, soit dans les assemblées,
soit dans l'intimité du foyer. Aussi, ce fut non
seulement au défenseur public de la religion,
mais encore au fidèle observateur de ses pra-
tiques et de ses lois, qu'un prélat de sainte
et gracieuse mémoire (1) voulut, au nom du
Saint-Père, conférer les insignes de comman-
deur de Saint-Grégoire-le-Grand.

La vie de M. d'Andelarre peut se traduire
par ces mots, foi profonde, patriotisme ardent,
empressement sans bornes à rendre service,
oubli complet des injures, bonté extrême et
amabilité qui n'est plus de nos jours.

Ce sont ces qualités qui ont été la raison de

(1) Mgr Poulinier.

l'affection et de la popularité dont a joui celui
que nous pleurons aujourd'hui.

Adieu, cher et regretté Marquis ; adieu, au
nom de cette épouse qui vous a été si étroi-
tement unie, et dont l'admirable dévouement
vous survit ; adieu, au nom de tous les membres de votre famille, qui recueilleront pieuse-
ment vos nobles exemples ; adieu, enfin, au
nom de tous vos amis, qui vous garderont au
fond de leurs cœurs un respectueux et fidèle
souvenir.

Adieu.

Discours de M. Reboul de Neyrol

Messieurs,

Qu'il me soit aussi permis, comme président de la Société d'agriculture, sciences et
arts, de déposer devant la tombe de M. le
marquis d'Andelarre l'hommage des profonds
regrets de la Compagnie dont il était membre
depuis plus d'un demi-siècle, qu'il a présidée
pendant huit ans à des époques différentes,
et dont il était vice président depuis dix ans.

Les services que M. d'Andelarre a rendus à
l'agriculture depuis 1830, époque où il quitta
la toge du magistrat pour prendre la charrue

du laboureur, avaient fait de sa personne l'objet d'une popularité sans rivale parmi nos cultivateurs. Il avait à leurs yeux le mérite peu commun de traiter l'industrie agricole avec la passion de l homme qui en comprend l'importance, en connait toutes les ressources et lui attribue le principal rôle dans la prospérité de la France. Aussi, la culture de la terre a-t-elle été la grande force et le grand intérêt sur lesquels sa longue et brillante carrière s'est constamment appuyée ; c'est par elle qu'il justifiait la confiance nécessaire aux diverses et très belles missions dont il a été investi dans un temps où l'honneur et le dévouement étaient les conditions habituelles du patriotisme.

M. le marquis d'Andelarre aimait l'agriculture comme une science et la pratiquait comme une vertu sociale. Pendant plus de vingt ans, il a dirigé le comice de Vesoul, présidé des concours et contribué à leurs succès par de larges sacrifices. Dans la sphère plus élevée de la Société des agriculteurs de France, il avait pris rang parmi les sommites de l'illustre Compagnie. Lorsque ses concitoyens l'ont appelé à prendre part aux travaux du Conseil général et à ceux du Corps législatif, c'est toujours vers les intérêts agricoles qu'il a dirigé ses efforts les plus considérables. Allégement des charges communales dans les frais de l'administration forestière, affranchissement de la distillation privée des exigences du fisc, emploi du sel comme engrais, et d'autres mesures de même ordre ont signalé son zèle d'agriculteur. Partout et toujours il donnait l'exemple dans la pratique et mettait ses sages conseils à la disposition des habitants de la campagne. C'est ainsi qu'il avait conquis leurs sympathies, et qu'aujourd'hui leurs regrets unanimes s'unissent aux nôtres.

Ne craignons pas, Messieurs, de faire de ces services un monument à la mémoire de M. le marquis d'Andelarre, devant lequel nous pourrons tous nous incliner avec un sentiment de respect et de reconnaissance.

M. d'Andelarre est mort plein de jours, s'acheminant lentement vers l'éternité, sous le poids d'une longue et cruelle maladie, mais préparé à une fin chrétienne par sa vie tout entière. C'est le privilège de l'homme de bien de léguer et sa vie et sa mort en exemple à ceux qui lui survivent ; c'est à nous qu'il appartient de mettre son enseignement à profit. Mais n'oublinns pas que si la terre peut nous faire une supériorité parmi les hommes, cette supériorité, pour être vraie, ne peut se passer de la sanction du Ciel.

On lisait il y a quelques jours dans le *Moniteur universel* :

Député et homme politique, le marquis d'Andelarre maintint avec fermeté le drapeau conservateur et libéral. On se souvient qu'il fut sous l'empire président du tiers-parti. Orateur, il plaisait par une parole imagée, pleine de sève franc-comtoise et d'idées ingénieuses ; écrivain, il a laissé un intéressant ouvrage, les *Cahiers des Etats-Généraux*, dans lequel il montrait la révolution sage et modérée renfermée tout entière dans ces cahiers de 1789 qui exprimaient si bien la volonté, les doléances, les désirs de six millions de Français ; il y développait avec profondeur cette vérité que les abus sont révolutionnaires et les réformes conservatrices. Agriculteur, il se montra l'homme du progrès sage et continu, l'ennemi des vieilles coutumes, le théoricien et le praticien des améliorations sérieuses, payant sans cesse de sa personne, car il savait qu'il y a dans l'exemple une puissance qui surpasse toutes les autres, qu'on redresse les autres en marchant droit. M. le marquis d'Andelarre a bien mérité de ses compatriotes, qui l'ont pleuré et le regretteront toujours.

Imp. J. Mayet et Cie, à Lons-le-Saunier.